AF563721

L'ESPRIT

DU

SUFFRAGE UNIVERSEL

PAR

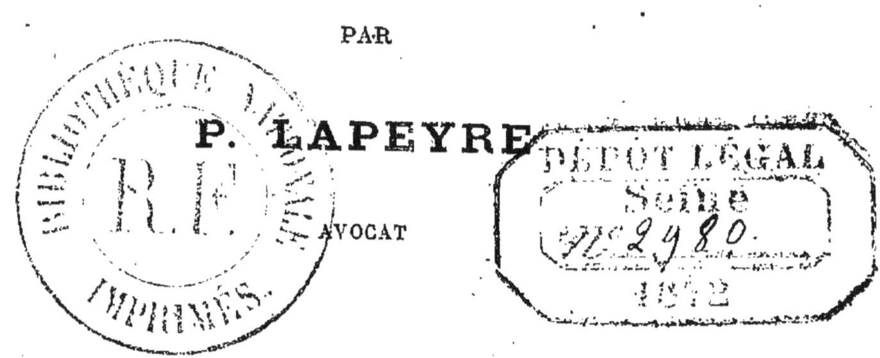

P. LAPEYRE

AVOCAT

PARIS

VICTOR PALMÉ, LIBRAIRE-ÉDITEUR

RUE DE GRENELLE-SAINT-GERMAIN, 25

—

1872

L'ESPRIT

DU

SUFFRAGE UNIVERSEL

Voilà bientôt un quart de siècle que les destinées de la France ont été confiées au suffrage universel. Il a fait une révolution pour s'établir et n'a point disparu avec le gouvernement qui nous l'a donné. Chacun l'apprécie à sa manière ; quelques-uns même le maudissent ; mais personne ne propose sérieusement de le supprimer. On a pu enlever au peuple ses *baïonnettes* et ses *tabatières intelligentes* ; mais on sent que retirer à ce même peuple cette arme de papier qui s'appelle un bulletin de vote, serait peut-être plus dangereux. Quel est le parti politique qui oserait affronter une pareille impopularité ? Les républicains se recrutent parmi les électeurs universels des villes. L'Empire a dû toute son existence aux électeurs universels des campagnes. De ces deux côtés là, le suffrage universel n'a donc rien à craindre. L'orléanisme pur n'a pas assez de force pour le briser en ressaisissant la couronne de France, et les héritiers du fin roi Louis-Philippe sont trop habiles pour placer sous leur trône bourgeois ce gros baril de poudre. Quand aux légitimistes, le prince a parlé. Il l'a fait avec solennité, comme le voulaient les circonstances, et avec une entière loyauté, selon la coutume de toute sa vie. Il déclare vouloir gouverner à l'aide « du suffrage universel honnêtement pratiqué ; » c'est le plus sérieux hommage que le vote populaire ait jamais reçu. Cette parole sauvera le suffrage universel, le prince et aussi, j'espère, la France.

On le voit, malgré la frayeur de quelques esprits, le suffrage universel s'impose comme une nécessité et par là son avenir est assuré. Il est en possession du présent et il a déjà un passé. Le moment semble donc venu de le juger, en même temps qu'il est plus que jamais opportun de fixer son attention sur lui. L'opinion publique l'a compris. Chacun apporte à ce grave sujet, l'un de consciencieuses études, l'autre les fantaisies d'imagination les plus paradoxales. Pour moi, outre le fruit d'une sérieuse méditation, qu'il me soit permis d'y apporter une parole de l'Evangile.

I

Une question s'offre d'abord à l'esprit. Tout citoyen parvenu à l'âge de sa majorité a-t-il un droit absolu à participer dans une certaine mesure au gouvernement de son pays? Il ne faut pas réfléchir longtemps pour reconnaître que le droit n'existe pas. On peut le refuser sans se placer en dehors des lois de la civilisation, et l'accorder est un acte de générosité que n'exige pas la stricte justice. Si l'autorité n'est pas une machine inventée par les hommes, de quel droit prétendraient-ils tous en diriger la marche? Je ne connais pas de religion qui enseigne que nous ayons été créés et mis au monde pour devenir électeurs. Il n'est pas, en effet, nécessaire que les hommes se gouvernent eux-mêmes; ce qui est essentiel, c'est qu'ils soient bien gouvernés. Ne sommes-nous pas depuis quatre-vingts ans les témoins et les victimes du mensonge parlementaire? Et nos malheurs ne sont-ils pas le résultat des théories révolutionnaires du bonheur national? C'est à la sagesse de chaque nation à rechercher les éléments du pouvoir qui doit la rendre meilleure en la rendant plus heureuse. Mais cette recherche, elle doit la faire à la lumière de l'expérience, du bon sens et de la foi, par l'étude de son passé, l'examen de ses vrais besoins et l'humble sentiment de la faiblesse humaine. L'utilité du suffrage universel peut résulter de cet examen; les circonstances l'imposent même quelquefois, surtout lorsque les peuples ont perdu la notion et le respect de l'autorité. Mais, loin que le suffrage universel soit le signe d'un progrès moral en politique, nous sommes forcés d'y voir l'indice de la plus humiliante dégradation. Chacun veut mettre la main aux affaires de l'Etat, non parce qu'il se sent capable de les diriger, mais parce qu'il se méfie de tous ceux qui le dirigent.

C'est la méfiance générale prenant la place de la confiance universelle. Aussi, à mesure que les pouvoirs sont devenus moins respectables en devenant plus révolutionnaires, les peuples ont senti davantage le besoin de s'armer contre eux de garanties plus solides, quoiqu'elles aient été toujours vaines. Une nation qui en est venue à ne plus vouloir se soumettre à un roi soumis à Dieu, se verra réduite à avoir pour tyran les passions et l'ignorance de la multitude renfermées dans l'urne d'un scrutin, et peut-être dans le canon d'un fusil.

Nous en sommes là.

Les pouvoirs d'aventure que nous avons subis, ont appris aux masses à mépriser toute espèce de pouvoir, en se rendant dignes de leur mépris; mais en même temps, ils ont été pour les hommes de bonne foi une preuve que l'on ne renverse pas impunément l'autorité légitime et qu'on ne la remplace pas facilement. De là, un double courant dans l'opinion publique. Les hommes réfléchis se retournent avec espoir vers la monarchie traditionnelle, en même temps que les masses ignorantes préfèrent se jeter dans le précipice, plutôt que suivre un chemin qu'elle ne connaissent plus, et qu'on leur a appris à détester.

A la fin du dernier siècle, les classes élevées étaient

tombées dans la corruption et l'impiété, tandis que les classes populaires n'avaient pas encore été atteintes par cette funeste contagion.

Aujourd'hui les rôles sont à peu près intervertis.

Le peuple n'a plus en face de lui une aristocratie revêtue de priviléges; mais la fortune, le talent, la vertu même sont à ses yeux des priviléges contre lesquels il nourrit une haine d'autant plus invincible qu'elle est plus absurde, parce qu'elle procède de la passion qui ne raisonne pas. Le peuple n'a plus à côté de lui un clergé opulent et mêlé, mais il semble avoir déserté le sanctuaire devenu plus vénérable et plus saint.

La souveraineté est actuellement la possession des masses ignorantes, irréligieuses, je pourrais presque ajouter dépravées. Les mains qui répandent partout le pétrole enflammé, sont aussi chargées de verser dans les scrutins les noms des Sages qui doivent former le conseil de la nation.

Qui ne voit le danger du suffrage universel livré à lui-même? Oui, là est le danger, mais là aussi se trouve un de nos moyens de salut. C'est par le suffrage universel, entendu dans son vrai sens, que nous serons régénérés, si nous devons l'être : telle est l'idée que je voudrais faire comprendre, accepter et pratiquer.

Il y a dans l'Évangile une parole qui illumine toute la question parce qu'elle est l'idée fondamentale sur laquelle repose la société chrétienne : *Quicumque voluerit in vobis primus esse, erit omnium servus* (1).

Quiconque voudra être le premier parmi vous sera le serviteur de tous.

Nous oublions trop en France que le pouvoir est établi pour le bien de ceux qui y sont soumis et non dans

(1) Marc, x, 44.

l'intérêt de ceux qui l'exercent. Beaucoup de gens veulent être les premiers d'entre tous, non pour être les serviteurs de tous, mais pour avoir eux-mêmes un grand nombre de serviteurs.

Les ambitieux trouvent un double profit à flatter les passions de la multitude, car ils se procurent ainsi et l'autorisation et les moyens de satisfaire les leurs. Il en résulte que le suffrage universel, tel qu'on le pratique, n'est entre électeurs et élus qu'un échange multiplié d'influences corruptrices. Faut-il s'étonner après cela que de honteux personnages sortent triomphants de l'urne électorale?

Et ce qu'il y a de plus triste, c'est que ceux mêmes qui comprennent la grandeur du péril, qui en seront les premières victimes, ne font aucun effort pour le conjurer. Ils regardent passer le flot envahisseur et se croisent les bras. Tout au plus daignent-ils, pour se donner un air prophétique, pousser quelques exclamations sur la difficulté des temps, et c'est tout. Or, qu'on ne l'oublie pas : l'abaissement moral qui se produit et le cataclysme qui le suivra, seront imputables non à ceux qui reçoivent l'enseignement, mais à ceux qui le donnent, non à ceux qui luttent contre la misère, mais à ceux qui nagent dans l'opulence, non à ceux qui obéissent, mais à ceux qui commandent. Vous, savants qui faites mentir et blasphémer la science, vous riches qui jetez votre fortune en pâture à vos passions, vous puissants qui abusez de votre autorité, et vous aussi qui, pouvant le faire, refusez aux malheureux l'annonce d'un peu de vérité, d'un peu de morale et de justice, vous subirez la responsabilité de nos malheurs, et le poids en sera terrible.

II

Il faut détruire l'antagonisme qui règne entre les classes ouvrières et les classes aisées et restaurer ainsi les bonnes influences qui découlent de la science unie à la vertu : voilà le nœud de la question.

Il y a deux causes principales qui écartent des fonctions électives les hommes de mérite. La première, c'est que peu de ces hommes-là consentent à solliciter ces fonctions ; la seconde, c'est que le petit nombre de ceux qui les sollicitent le font par pure ambition, ou ne font rien de ce qu'il faudrait pour inspirer aux électeurs une confiance dont, à certains égards, ils sont dignes.

C'est vraiment une chose étrange et lamentable à voir que la manière dont le suffrage universel est aujourd'hui apprécié. Ce que l'on rêve généralement, et je ne parle que des bons esprits, c'est un individualisme plus ou moins perfectionné. On borne ses vœux à ce que l'électeur sache lire et écrire, afin sans doute qu'il puisse apprendre dans les journaux révolutionnaires— qui sont les plus répandus — le nom du candidat officiel qui est pour le moment en veine de popularité.

J'ai lu une brochure dont l'auteur prétend avoir trouvé un remède infaillible. Il veut qu'on fasse voter ensemble les électeurs d'une même profession et qu'ils nomment un d'entre eux à l'Assemblée nationale afin que tous les intérêts y soient représentés. On serait divisé par groupes électoraux. Les propriétaires nommeraient un propriétaire; les maçons, un maçon; les décrotteurs, un décrotteur; les marchands de bonnets de coton, un marchand de bonnets de coton, etc. Je vois sans doute comment les intérêts matériels seront représentés, mais je ne vois pas bien comment les intérêts moraux seront sauvegardés.

D'autres proposent une solution hérissée de chiffres et compliquée d'équations, qu'ils ont obtenue en combinant habilement des multiplications, des divisions et des circonscriptions, et ils vous en expliquent avec complaisance l'art ingénieux. De deux choses l'une : ou bien c'est un escamotage, et alors le peuple qui ne tardera pas à s'en apercevoir se fâchera tout *rouge;* ou bien la Chambre qui résultera de cette combinaison sera l'image exacte du pays, et comme le pays n'en sera ni plus éclairé ni plus moral, les représentants risquent fort d'être tout de même ignorants et immoraux.

On s'abandonne trop facilement à cette utopie pernicieuse que l'électeur peut et doit s'éclairer sur toutes les questions qui touchent aux grands intérêts de l'Etat et que son vote doit être l'expression de son opinion personnelle sur tous les points de législation qu'aura à résoudre le représentant. Pour voter en pleine connaissance de cause sur toutes les questions de Constitution, de finances, d'équilibre européen, etc., il faudrait être un savant non pas dans une branche spéciale de la science, mais un savant universel, un homme d'Etat consommé. Or, nous avons en France dix millions d'électeurs. Qui pourrait m'assurer que nous avons dix millions d'hommes d'Etat? Je vois que nous avons eu toutes les peines du monde à en trouver un seul, et combien il laisse à désirer!

Sans parler de la moralité, que l'on ne saurait négliger sans risquer de tout perdre, tout ce que l'on fera pour l'instruction des masses, n'aboutira jamais à les initier complétement à la délicatesse des affaires diplomatiques, à la complication des rouages administratifs, à la profondeur des principes constitutionnels, à la difficulté des questions financières, etc. Si l'on veut qu'un électeur possède toutes les connaissances, je connais, pour ma part, beaucoup de députés qui ne sont pas capables de le devenir.

Pour soustraire l'électeur aux mauvaises influences, on prétend l'isoler entièrement et ne lui donner d'autre lumière que celle qu'il trouvera dans des lectures rapides, s'il en fait, et d'autre moralité que celle qu'il puisera au fond de sa conscience, s'il l'écoute.

Il n'est besoin que d'un peu de bon sens et de réflexions pour démontrer qu'il est impossible aux neuf dixièmes des citoyens de se tenir même superficiellement au courant de la politique. Pour en arriver là, il ne suffit pas à un homme de savoir lire et écrire; il faut encore qu'il ait le temps de parcourir les journaux.

Irez-vous arracher le paysan à la charrue pour lui faire entrer dans la tête une dissertation sur la politique de bascule de M. Thiers? Et pendant ce temps-là qui sèmera du blé? Mettons que le paysan ait des loisirs: aura-t-il assez de discernement pour bien choisir son journal? Aurait-il ce discernement, d'où sortira-t-il l'argent nécessaire pour se procurer un abonnement? Lui persuaderez-vous, lorsqu'il a faim, qu'un numéro du *Journal des Débats* vaut autant qu'un kilo de pommes de terre?

D'ailleurs cet isolement que l'on cherche n'est pas moins contraire à la nature humaine qu'à la possibilité des choses. On aura beau crier au peuple que c'est à lui à remplir le rôle de souverain, ceux-là même qui crient le plus fort se donneront toujours pour mission de lui souffler ce rôle en faisant tourner à leur profit le dénouement de la comédie. Au milieu des cris d'indépendance et de liberté absolue que poussent les adeptes du radicalisme on peut distinguer le mot de ralliement que leur a imposé le maître auquel ils se sont livrés. Vainement, en effet, un homme se persuade qu'il ne dépend de personne, au fond il sent qu'il a besoin de tout le monde, surtout de ceux qui sont au-dessus de lui, et que seul il ne sait rien, il ne peut rien, et ne fera rien. Nous avons été créés pour vivre en société, afin que nous puissions accroître nos lumières en nous communiquant nos pensées et multiplier nos forces en nous unissant. C'est là une loi souveraine de notre nature et comme toute loi, on peut en faire dévier l'application, la faire tourner à mal, mais il est impossible de l'éluder. C'est pour donner satisfaction à ce besoin que les électeurs abandonnés à eux-mêmes, munis d'une arme dont ils soupçonnent la puissance, mais dont ils ignorent l'usage, se précipitent dans les clubs et, comme les enfants, essaient leurs forces par des destructions. C'est là qu'ils se réunissent pour s'éclairer sur leurs droits et s'organiser solidement. Que l'on considère la multiplication des cercles, des cafés, des cabarets, des sociétés secrètes, la puissance des francs-maçons, les succès de l'Internationale et, d'autre part, que l'on jette les yeux sur la vie de famille agonisante, le foyer domestique abandonné, les devoirs conjugaux violés, l'église déserte..... Si l'on réfléchit, on arrivera à cette conclusion : ceci a été remplacé par cela.

La Providence en nous créant sociables a placé tout auprès de nous les moyens vrais et moraux de nourrir cet admirable sentiment de confraternité.

Il y a d'abord la famille, merveilleuse association d'amour et de dévouement où l'homme trouve en naissant tout ce qu'il faut pour protéger sa faiblesse et dissiper son ignorance.

Vient ensuite la paroisse, ou la commune, groupe naturel, connu de toute antiquité, famille composée de familles, dont tous les membres se connaissent et sont liés par l'amitié. Ai-je besoin de rappeler les émotions que l'on éprouve à la vue du clocher natal lorsqu'on le revoit après une longue absence?

Après la commune se place la patrie formée par la communauté de lois, de mœurs, de langage et le plus souvent d'origine et de race. La patrie n'est pas un vain mot ni le patriotisme une chimère. On ne court pas joyeusement à la mort pour un fantôme! j'en appelle à ces glorieuses et innombrables phalanges qui, depuis le commencement du monde ont sacrifié leur vie à ce noble sentiment. J'en appelle à vous, héros de Loigny, qui saviez bien ce que c'est que la patrie puisque vous vouliez sauver son honneur au prix de votre sang.

Au-dessus de tout cela, il y a l'Eglise, vaste et sublime société des âmes unies par la foi, par l'espérance et par l'amour, seule et éternelle gardienne du beau, du vrai et du bien, dépositaire sacré du bonheur des peuples et de l'avenir de l'humanité.

Que sont devenues toutes ces choses?

La famille, c'est maintenant le cercle ou le cabaret; la commune — nom devenu horrible — c'est le club; la patrie, c'est l'Internationale; l'Eglise, c'est la franc-maçonnerie.

Toutes les bonnes influences ont été détruites ou amoindries, celles du père de famille, du prêtre, du roi et du Pape : d'autres les ont remplacées; car, je ne saurais trop le répéter, il ne cessera jamais d'y avoir des influences dans le monde, bonnes ou mauvaises. Les masses feront toujours, non pas ce qu'elles voudront, mais ce que quelques hommes leur persuaderont de faire. Cette influence appartiendra aux hommes de bien, s'ils veulent se donner la peine de l'acquérir, à moins qu'ils ne préfèrent l'abandonner aux aventuriers qui, à cette heure, la détiennent.

Les conservateurs peuvent maintenant voir le mal et le remède. Ils ont à ressaisir l'influence qu'ils ont perdue.

III

Il faut la ressaisir dans la famille.

Vous, père, qui vous plaignez de voir vos enfants rebelles à vos conseils et livrés au désordre, avez-vous une conduite qui puisse leur servir de modèle? Etes-vous irréprochable dans vos mœurs, probe dans vos affaires, soumis à l'Eglise, respectueux envèrs l'autorité civile et religieuse? Rappelez-vous que votre fils mesurera l'hommage qu'il vous doit à celui que vous rendez à Dieu et qu'on ne fait pas une éducation avec de bons préceptes et de mauvais exemples. Vous subjuguerez votre fils par l'ascendant de la vertu beaucoup plus que par le poids matériel de la contrainte, et une soumission ainsi obtenue n'a pas à redouter d'émancipation. Ne désertez pas le foyer domestique si vous voulez y retenir votre femme et vos enfants, et ne rejetez pas le fardeau de vos devoirs si vous ne voulez pas que l'on secoue le joug de votre autorité. Ayez pour votre famille des sentiments paternels et elle aura pour vous des sentiments filiaux. Et ne dites pas que c'est uniquement la faute de vos enfants s'ils font le mal, car c'est vous qui étiez chargé de les élever et il n'y a pas de nature rebelle à une bonne éducation; à moins que vous ne vouliez prétendre que vous avez mis au monde dés monstres venant de race.

Il faut la ressaisir dans la Commune.

C'est malheureusement une chose trop vraie que la classe ouvrière, surtout dans les grandes villes, ne confie pas volontiers la gestion de ses intérêts à des hommes indépendants par leur fortune et éclairés par leur savoir, fussent-ils honnêtes. Mais ce qui est encore plus vrai et plus malheureux, c'est que les hommes riches et éclairés ne font presque rien pour mériter et pour obtenir cette confiance. La plupart commettent la folie de la dédaigner; d'autres attendent dans leurs salons dorés qu'elle vienne frapper à la porte de leurs antichambres. Ils veulent bien être les premiers d'entre tous, mais ils croiraient déroger en se faisant les serviteurs de qui que ce soit. Ils considèrent les honneurs municipaux non comme des priviléges de droit, puisqu'il n'y en a plus, mais comme des priviléges de convenance qu'on ne saurait leur refuser sans injustice. Ils disent alors que le peuple est ignorant, jaloux, passionné. C'est bien possible. Mais à qui la faute? Vous avez de la fortune: c'est une force; vous avez de l'instruction, c'est aussi une force. Qu'avez-vous fait de cette puissance que Dieu vous avait confiée et dont il vous demandera compte? Vous en êtes-vous servi pour le bien ou pour le mal? Si vous avez négligé d'en user pour laisser tomber un peu de bien-être dans la mansarde du pauvre, un rayon de vérité dans son intelligence, quelque chose de Dieu dans son âme, de quel droit demandez-vous une confiance que vous n'avez pas achetée avec de l'amour? Quoi! il faudra que le peuple vienne se jeter à vos pieds parce qu'il est pauvre et que vous êtes riche, parce qu'il souffre et que vous avez toutes les jouissances, parce qu'il gagne péniblement son salaire et que les écus pleuvent sur vous? parce qu'il travaille et que vous restez oisif? Et dites-moi, en vérité, si vous avez de meilleures raisons que celles-là?

Ici je suis amené à parler d'une plaie sociale qui nous ronge et qui nous tuera si nous n'y apportons un prompt remède. Je veux parler de cette déplorable folie qui pousse ceux qui ont de la naissance, de la fortune ou de l'instruction à déserter les campagnes où leurs familles se sont formées et ont grandi, pour aller dépenser leurs revenus et le plus souvent leurs capitaux dans le luxe et les plaisirs des grandes villes. C'est là que s'engloutissent la richesse, les vertus et l'influence de notre aristocratie. Or, dans un État bien constitué, une aristocratie de richesses, de talents et de vertus n'est pas moins nécessaire que ne l'est dans l'armée une hiérarchie d'officiers; mais il faut qu'elle soit à sa place, c'est-à-dire répandue dans le pays et qu'elle reste là-même où elle a son origine.

Une monarchie chrétienne ne peut se passer d'aristocratie, et telle est même la seule différence qui la distingue du césarisme. Il faut à la foule des guides, les nobles; il faut à ces guides un chef, le roi. Les classes dirigeantes, lorsque leur influence est fondée sur le mérite et la bienfaisance, sont des intermédiaires naturels et indispensables entre le monarque et le peuple. Elles sont le conseil et l'appui du roi et de ses plus humbles sujets. Elles donnent de la force et de la cohésion à tout l'édifice social et en relient les parties extrêmes. Elles offrent une résistance qui peut être invincible au despotisme d'en haut comme à celui d'en bas. Mais lorsque ces classes viennent à perdre leur considération, rien ne s'oppose plus au triomphe de l'émeute ou au succès de la dictature la plus humiliante. Et comme elles ne peuvent tomber dans le mépris que par la corruption, il ne reste plus alors en présence qu'un souverain avili et une multitude corrompue : c'est le césarisme. César n'est acclamé par la multitude que parce qu'il est la personnification de ses vices ; il est d'autant plus populaire qu'il est plus méprisable : à son tour, il ne peut s'appuyer que sur les passions de la multitude pour maintenir quelque temps son pouvoir éphémère ; puis un jour la foule le renverse du pied parce qu'elle a trouvé un autre maître encore plus éhonté. Un peuple chez qui les classes élevées ont perdu le crédit et le respect, est voué fatalement au césarisme ou à l'anarchie, deux choses qui se succèdent presque toujours et qui se ressemblent en plus d'un point.

Or que voyons-nous aujourd'hui ? Ceux qui prétendent diriger les populations rurales cèdent à l'attrait des cités opulentes, n'ont souci que de leur amusement et si elles s'occupent de politique, c'est aussi pour eux un amusement qu'ils ne traitent pas plus sérieusement que les autres.

Comment voulez-vous, leur dirai-je, que les populations vous prennent pour guides ? Elles ne vous connaissent pas ou ne vous connaissent que sous les auspices les plus défavorables ! Comment peuvent-elles croire que vous soulagez leur misère, lorsque vous ne satisfaites que vos plaisirs ? Comment leur persuaderez-vous que vous connaissez leurs intérêts, puisque vous n'allez jamais les étudier au milieu d'elles ? Etonnez-vous après cela que les scrutins soient remplis de ce que vous appelez de la passion, de la rancune et de la jalousie ?

On peut maintenant apercevoir ce qu'il y a de providentiel et de sauveur dans la nécessité actuelle du suffrage universel. Grâce à lui, l'amélioration des classes ouvrières et partant le salut de la France n'est possible que par l'amélioration des classes supérieures ; le suffrage universel est entre les mains du peuple un gage qu'il détient pour les obliger à le rendre meilleur en le devenant elles-mêmes.

Les masses possèdent la clef de l'ordre social; et elles n'en feront d'autre usage que celui qu'on leur apprendra à en faire. C'est de leur volonté que dépendent, non pas le principe, mais la stabilité de fait de la propriété; non pas la justice, mais le règne de la loi. Or, il n'y a que la religion catholique qui puisse faire admettre la propriété par ceux qui ne sont pas propriétaires et faire respecter la loi par ceux contre les passions de qui elle est faite. Et lorsque je vois des hommes qui possèdent, faire des efforts stupides pour ébranler les croyances religieuses dans l'âme des prolétaires, je ne puis m'empêcher d'admirer la démence de ces impies qui creusent eux-mêmes l'abîme qui doit les engloutir. Que dirait-on de quelqu'un qui, au milieu d'une tempête, chercherait à empoisonner ou à enivrer le pilote. Telle est cependant l'image de ceux qui corrompent ou laissent corrompre le peuple, lequel, par son droit de suffrage est maître de leur destinée. De telles iniquités ont été commises à cet égard, que parfois on se surprend à ne pas regretter que ces vérités trop méconnues aient été éclairées par le feu sinistre du pétrole.

On parle beaucoup à l'heure qu'il est, de décentralisation, et l'on a grandement raison d'en populariser l'idée et d'en préparer les lois. La décentralisation est une des conditions de notre salut. Mais il faut aussi en préparer les mœurs. Et pour cela, il ne suffit pas de décentraliser les administrations, il faut décentraliser les influences. L'esprit de la décentralisation et sa vertu bienfaisante consistent en ce que la direction des intérêts locaux et régionaux est confiée non pas à des hommes inconnus choisis arbitrairement par le souverain,

— et ce souverain peut s'appeler Pyat ou Gambetta, — mais à des hommes qui connaissent les besoins du pays parce qu'ils y résident et dont le nom a été désigné au vote populaire par la renommée de leurs talents, de leur expérience et surtout de leurs bienfaits.

Le fruit le plus désastreux et le type le plus achevé de cette centralisation dont nous avons tant souffert, c'est le préfet, et avec lui, son diminutif, le sous-préfet. Aucune marche régulière, aucune étude spéciale ne conduisent à ces fonctions. Leurs titulaires se recrutent généralement parmi les fruits secs de toutes les professions. Ils ont la plupart passé leur jeunesse dans les grandes villes, oisifs et turbulents, mécontents du gouvernement dont ils ont en vain sollicité la faveur, et lui faisant de l'opposition dans l'espoir de s'en faire acheter ou de faire leurs frais sur un fond de popularité. Vienne un changement de système ou de gouvernement, et ce n'est pas rare, qui fasse tomber les anciens préfets comme les fruits d'un arbre qu'on vient d'abattre, aussitôt, leur empressement à se jeter sur ces places vacantes n'a d'égal que leur incapacité à les bien remplir. Hier, c'étaient des avocats sans cause, des journalistes sans talent, des vaudevillistes sifflés, des peintres refusés au salon, des officiers démissionnés, aujourd'hui le télégraphe signale en même temps le succès de la révolution récente et l'arrivée du nouveau préfet. Il arrive : tout le monde s'incline devant lui. Il apporte au milieu des paisibles et candides provinciaux les haines politiques et les vices raffinés de la capitale : on s'empresse d'adopter ses idées et ses mœurs. Mais l'on n'est pas encore enthousiaste comme il le voudrait pour le gouvernement libéral et vraiment sublime qui a su si bien comprendre et utiliser ses talents. *Vivat*, cent fois *vivat* le nouveau gouvernement. Les élections vont avoir lieu.

Ces populations arriérées commettraient peut-être la bêtise de nommer un homme probe, désintéressé, indépendant, connu dans le pays par la sagesse de ses idées et la générosité de son cœur. Il faut à tout prix empêcher un semblable malheur ! — « Chers électeurs, méfiez-vous des traîtres qui sont au milieu de vous. Ne croyez pas que ce soit pour votre bien qu'ils aspirent au pouvoir. Leurs bienfaits ne sont que des embûches. Vous saurez déjouer cette ruse. Ce sont des réactionnaires, des partisans de l'ancien régime, des jésuites. Si vous les nommez, craignez de voir revenir la maladie des pommes de terre et de voir chaque année votre récolte ravagée par la grêle. Votez pour le candidat que je vous présente : il a la confiance du gouvernement; vous lui donnerez la vôtre. Il ne possède rien, mais il n'en est que plus apte à représenter les classes pauvres. Il ne connaît pas vos besoins, mais son amour pour vous les lui fera deviner. Désirez-vous un pont de trois arches, il vous en fera bâtir un qui en aura soixante. Est-ce un chemin vicinal qu'il vous faut, il vous fera construire un chemin de fer qui aura une station devant chacune de vos portes. Laissez de côté les hommes du passé et leurs vieux principes, ce sont des momies. Nous sommes le progrès et l'avenir est avec nous. Vive la République ! »

Ce n'est pas tout. Il faut aussi satisfaire les intérêts particuliers. La préfecture est encombrée de solliciteurs. Coquins et honnêtes gens, le préfet veut contenter tout le monde. Il promet plus de bureaux de tabac qu'il n'y a de fumeurs, plus de place de percepteurs qu'il n'y a de contribuables, plus de charges d'agents-voyers qu'il n'y a de cailloux sur la route. Chacun est plein d'un ferme espoir; il a la parole d'honneur du préfet. Les élections se font. L'honnête propriétaire, le notable du pays est complétement battu. Pourquoi promettait-il si peu de bureaux de tabac? Il est vrai que le candidat officiel en donne, en réalité, moins encore; mais, comme il promettait avec grâce! D'ailleurs il est nommé député et il ne se souvient plus de rien.—Quelques années plus tard, le même préfet jouera la même comédie devant les mêmes électeurs avec le même succès.

A côté de la candidature officielle se place la candidature radicale qui, au fond, en diffère peu. Ce sont d'autres mensonges, d'autres flatteries, d'autres promesses, d'autres calomnies; mais ce sont toujours des mensonges, des calomnies, des flatteries, et de vaines promesses. C'est l'application légèrement variée du même système. L'espoir des bureaux de tabac y est avantageusement remplacé par la terreur qu'inspire la dîme, la corvée et ces innombrables droits du seigneur dont l'imagination révolutionnaire est si féconde.

Pourquoi les électeurs se laissent-ils toujours tromper par ces leurres absurdes? — Parce que personne ne veut sérieusement se donner la peine de les détromper.

Le peuple se livre aux charlatans parce que ceux qui ont intérêt à le guérir ne veulent pas y consacrer leur dévouement et y employer les vrais remèdes. Or, charlatans pour charlatans, le peuple suivra toujours ceux qui lui tiendront les discours plus flatteurs. Mais ce serait une erreur impie de croire que le peuple n'est pas capable de discerner d'avec les imposteurs, les hommes vraiment vertueux et éclairés qui lui sont dévoués, qui veulent sincèrement lui faire du bien et qui lui prouvent leur amour par des actes incessants. On peut alors compter sur sa reconnaissance, sur sa fidélité et sur son bon sens.

Il y en a des exemples, trop rares malheureusement,

mais qui démontrent toute la puissance régénératrice qu'il y aurait dans la pratique générale que j'indique.

On voit encore dans le fond de quelques provinces des hommes qui sont comme la providence du pays qu'ils habitent. Ce sont généralement des descendants d'anciennes familles rattachées au sol d'une contrée par la tradition immémoriale d'une bienfaisante suprématie.

Prenons un exemple. M. le comte *** est un riche propriétaire qui réside à peu près constamment dans le pieux manoir qu'il a reçu de ses nobles ancêtres. Il est marié et sa famille est nombreuse. Il gère lui-même sa propriété et s'applique avec une sage prudence à améliorer son exploitation. La révolution lui a enlevé tous ses antiques priviléges, mais n'a pu lui ôter celui de faire du bien, et il l'exerce sans relâche. Personne n'entre dans son château sans en sortir content. Aussi tout le monde en connaît le chemin. Les pauvres surtout le fréquentent. Ceux qui peuvent travailler sont occupés à la ferme et toujours satisfaits de leur salaire. M. le comte va lui-même visiter les infirmes chez eux. Sa femme est l'associée et l'intendante de sa charité. Ils laissent dans la pauvre chaumière des secours abondants, presque toujours en nature, pour ranimer les corps et de bonnes paroles pour fortifier les âmes. Aucun paysan dans le village ne se décide dans une affaire importante sans venir consulter M. le comte qui possède toute leur confiance et en est digne. Les conseils sont toujours suivis et on le remercie d'un bon avis reçu en venant lui en demander un autre. L'église du village a été agrandie et embellie par les dons des fidèles. M. le comte en a fourni presque la totalité : il n'a pas néanmoins fait inscrire la chose en lettre d'or sur du marbre. Elle restera seulement gravée dans le cœur des fidèles. Le curé trouve dans M. le comte le plus utile auxiliaire. Il l'a nommé fabricien et se félicite de son zèle et de son intelligence. Il cite son exemple aux indifférents qu'il veut ramener vers la religion et cela lui réussit presque toujours. L'école est dirigée par des frères de la Doctrine chrétienne et tous les enfants la fréquentent : la commune n'a contribué qu'à une part des frais; on devine qui fournit le reste. Par un don du même bienfaiteur; une bibliothèque paroissiale a été fondée. Pour tout dire en un mot, M. le comte est aimé de tous comme un père. Aussi lorsqu'il s'est présenté aux élections municipales, il a été élu, — chose étonnante — presque à l'unanimité des voix; ce qui lui a valu d'être nommé maire à la satisfaction générale. Il est loin de dédaigner ces fonctions. Il les a recherchées au contraire avec empressement, non, certes, par ambition — il est au-dessus de tout cela — mais parce qu'il y trouve une nouvelle occasion de faire du bien. Grâce à ses connaissances, à son zèle, à sa générosité, les affaires municipales sont prospères. Les conseillers secondent de leur mieux l'action du maire au lieu de lui faire de l'opposition. Aux élections du conseil général, M. le comte se sentant encore trop jeune, ne voulut pas poser sa candidature. Un de ceux qui se présentaient était de ses amis et digne en tout point de l'être. Il était à peu près dans la même position que lui, mais il avait plus d'expérience. Le comte le désigna au choix de ses concitoyens. Il ne leur dit pas que le succès de ce candidat aurait pour résultat de faire pleuvoir du vin blanc et neiger du sucre râpé. Mais les électeurs entièrement confiants dans la sagesse et les lumières de leur bienfaiteur, vinrent eux-mêmes lui demander quel était le candidat le plus digne de gérer leurs intérêts. Le comte le leur indiqua, les assurant qu'ils en seraient pleinement satisfaits. Les électeurs n'en demandèrent pas davantage et votèrent en masse pour l'ami de M. le comte. Le conseil général compta dans son sein un excellent membre de plus.

Lorsqu'il s'est agi des élections législatives, les choses se sont passées de la même manière. M. le comte a fait connaître à ces bons paysans l'homme qui lui paraissait le plus apte à bien remplir le mandat de député. Il a voulu leur expliquer tous les détails de la politique pour justifier à leurs yeux le conseil qu'il leur donnait. Mais les paysans n'y ont rien compris. Tout ce qu'ils comprenaient, c'est que M. le comte était un brave homme qui ne voulait pas les tromper puisqu'il leur prouvait tous les jours combien il les aimait, et qui était trop savant pour se tromper lui-même; d'où il résultait que ses conseils étaient bons à suivre. Ils les suivirent.

Le vote fut commenté comme le discours d'un premier ministre. Les journaux en chœur louèrent la haute politique et l'habileté profonde de ces populations éclairées. M. Prudhomme analysa la pensée des électeurs et voulut y voir des horizons politiques à perte de vue. Il parla d'émancipation, de liberté, de droits du peuple, de démocratie, etc. Tout cela était fort juste, mais non pas selon son idée. En réalité, il ne savait pas ce qu'il disait. La preuve c'est que, quelqu'un ayant fait connaître comment les choses s'étaient passées, au lieu de s'en réjouir, comme il convenait, il s'en affligea profondément désespérant tout à fait de l'avenir de la démocratie.

— Je connais votre comte, me dira-t-on; j'en connais même plusieurs : aux dernières élections, ils ont échoué avec une touchante unanimité et se sont vu préférer les hommes les plus médiocres et parfois les plus infâmes goujats. — Permettez; d'abord il est inexact que l'échec ait été universel. Ensuite cet échec s'est produit par des motifs analogues à ceux qui ont introduit la révolution dans les États du Pape. Ce n'est pas assurément le Pape qui a mis la révolution dans ses Etats : elle y est venue du dehors, parce qu'elle avait envahi toutes les autres contrées de l'Europe et que l'État romain était matériellement trop petit pour opposer une digue au flot envahisseur. De même, le discrédit des hommes riches et honnêtes ne provient pas partout de leur faute et n'est pas irrémédiable. Ce sont les hommes riches et malhonnêtes qui ont déshabitué le peuple du respect des hautes classes ; et comme les masses généralisent toujours leurs impressions et leurs sentiments, elles enveloppent d'une même haine tous ceux qui ont de la fortune, y compris les hommes vertueux, parce que ceux-ci sont en minorité. Qu'ils deviennent la majorité et alors la confiance et la concorde cesseront d'être l'exception pour devenir la règle. Le mot riche ne sera plus synonyme d'égoïste et de voluptueux, mais rappellera l'idée de la bienfaisance et de la magnanimité.

Le tableau que j'ai présenté me semble un modèle à suivre. J'ai choisi pour type un homme sorti du rang de l'ancienne noblesse parce que c'est là, à peu près uniquement, que l'on peut trouver de pareils exemples. Quelques rejetons de cette illustre race se souviennent encore de la vieille maxime *noblesse oblige* qui n'est qu'une traduction de cette parole de l'Évangile : *Quicumque voluerit in vobis primus esse, erit omnium servus.*

Ceux qui la mettent en pratique, malgré des haines insensées, demeurent véritablement les premiers d'entre tous, parce qu'ils sont les serviteurs de tous. Ils sont la semence que Dieu semble avoir mise en réserve pour la répandre sur le sol français labouré par de terribles adversités. Puisse la moisson être abondante! Mais que d'ivraie encore debout!

Ainsi, rétablir l'autorité dans la famille, c'est en assurer le retour dans la commune et l'affermir dans la commune et la province, c'est la fonder et la consolider dans l'État.

Il faut désormais qu'un homme se fasse aimer de ceux qui l'entourent, s'il désire être honoré dans sa province et qu'il soit béni dans son département, s'il veut être avantageusement connu dans le pays tout entier.

Telle est la marche naturelle, logique et nécessaire que l'on devra suivre pour faire renaître de salutaires influences et mettre fin aux gigantesques aventures où la France s'est engagée depuis un siècle.

IV

Ces conseils, ne s'adressent point à ceux qui ne rêvent que le renversement de tout ordre social; ce serait folie d'espérer qu'ils voudront les écouter et les suivre. Ces hommes, en tant que révolutionnaires, doivent être, pour tous ceux qui ne sont pas leurs complices, des ennemis irréconciliables. Humainement il ne faut pas compter sur leur conversion : il ne faut l'attendre que de la miséricorde de Dieu touché par la prière des justes et le repentir des pécheurs. Ces avis s'adressent à ceux que l'on désigne sous le nom vague de *conservateurs* et plus particulièrement à cette partie de la vieille aristocratie qui n'a pas su conserver la noblesse de la conduite et des sentiments, et à la bourgeoisie presque en totalité qui n'a pas su l'acquérir. C'est parce que ces classes ne sont pas à la hauteur de leur mission que le suffrage universel paraît une absurdité et est un danger.

Combien ne voit-on pas de ces fils dégénérés quitter les campagnes et venir perdre dans les voluptés des grandes villes, une fortune qui devait, selon la nature des choses, rester dans le pays où elle s'était formée.

Dans la commune rurale, le château et la bonne maison ont leur raison d'être, je dirai presque, leur nécessité sociale. Leur utilité, inférieure à celle de l'église, est néanmoins fort grande et pleine d'honneur. Le clocher et la tourelle projettent tous deux, quoique diversement, une ombre bienfaisante sur les chaumières groupées à leurs pieds. Mais il faut pour cela que l'église soit fréquentée et que le château soit habité. Le paysan a un sens exquis pour comprendre ces choses, quoiqu'il ne soit pas toujours capable de les expliquer. Et lorsqu'il passe devant le château désert dont les splendeurs inutiles insultent à la pauvreté de sa cabane, il se dit que tout cela ne sert à rien sinon à rendre ses désirs plus âpres et sa misère plus poignante. Le spectacle de ce superflu stérile lui fait sentir davantage le besoin du nécessaire qui lui manque. Il se demande pourquoi celui-ci a tant de richesses et si peu de vertu, et, à la première révolution, il prendra une torche et un poignard pour réaliser les idées qu'il s'est faites sur la société.

Mais c'est dans la classe bourgeoise que l'on rencontre les plus grands obstacles à la bonne pratique du suffrage universel contre lequel elle nourrit une haine qu'elle ne peut presque plus déguiser. Les bourgeois doivent leur fortune à la Révolution et ils en sont les défenseurs les plus obstinés; c'est d'elle surtout qu'ils sont *conservateurs*. Le retour imaginaire de l'ancien régime leur inspire de puériles terreurs et ils supplient la Révolution, leur chère révolution qui les a faits si gros, de les préserver de cette calamité. Mais la révolution est un tonneau des Danaïdes que rien ne peut combler, où rien ne peut demeurer : c'est un abîme qui appelle d'autres abîmes. Les prolétaires, les lois inexorables de la révolution à la main, veulent à leur tour, prendre la place des bourgeois : nouvelles et délirantes terreurs de la bourgeoisie. Elle s'effraye du spectre rouge dont l'apparition fait descendre la rente dans des bas-fonds inconnus, et elle demande à grands cris que la *science moderne* invente pour l'enfermer des verrous d'une solidité à toute épreuve. Volontiers elle charge ses académies de stimuler le zèle des inventeurs par l'attrait d'un prix de cent écus. La *science moderne* invente le chassepot, la dynamite et le pétrole. La révolution prend tout cela et, déception cruelle, s'en sert contre le bourgeois. Celui-ci n'en est pas pour cela converti. Il veut alors consolider l'équilibre social par un poids énorme de casernes bien garnies de soldats. Faisons, dit-il, des lois à longue portée que nous ferons exécuter par des magistrats bien instruits dans l'art des condamnations en cinq temps, et avec lesquelles des bataillons entiers de socialistes seront lancés à trois mille lieues de la frontière. Moyennant cela, nous étoufferons l'émeute et nous remplacerons avantageusement Dieu qui nous coûte 40 millions pour son budget des cultes.

Je ne prétends pas que la société doive rester désarmée. Tout au contraire. Mais parce qu'elle ignore l'existence et la source de son droit de punir, elle se laisse entraîner envers les scélérats, tantôt à de lâches complicités, tantôt à d'atroces vengeances. Dans l'état de désordre où elle se trouve, elle est à la fois incapable de justice et de clémence; car ces deux choses, sacrées lorsqu'elles émanent de l'autorité, deviennent affreuses entre les mains de la révolution.

On est parfois frappé du spectacle de certaines intelligences, d'une apparence honnête, mais fermées à la lumière chrétienne, faisant de vains efforts pour résoudre la question populaire. De terribles événements leur ont démontré cette vérité, que la multitude, privée de Dieu, est la pire des bêtes féroces; mais dans leur égoïste épouvante, ils ne parlent que d'enchaîner cette bête féroce. Ils ne savent pas que toute cette masse se compose d'âmes formées à l'image de Dieu, pour le salut desquelles un Dieu est mort sur la croix, qu'il a aimées d'un amour infini et que nous devons aimer comme nous-mêmes.

Étrange destinée d'un peuple dirigé par des hommes sans foi! Il ne peut échapper à l'une de ces deux extrémités également fatales : être encensé comme un dieu ou écrasé comme une brute. Tantôt on le flatte pour le corrompre, et tantôt, suite inévitable, on le broie pour le réprimer. C'est qu'en effet les ambitieux incrédules ne sauraient jamais voir en lui autre chose qu'un instrument avec lequel ils s'empareront du pouvoir ou qu'une force renversante qui les empêche d'y rester.

— Lorsque ces hommes, esclaves d'un travail qui aboutit à un luxe dont ils ne jouissent pas, viennent vous dire, à vous, incroyants, qu'eux aussi veulent avoir leur part de jouissances et qu'étant les plus nombreux et les plus laborieux, ils ne veulent pas être les plus misérables, vous n'avez autre chose à leur répondre que des obus et des balles coniques. Votre bouche muette est obligée de laisser la parole à la bouche brutale du canon rayé. Ne comprenez-vous pas qu'en murant ces malheureux entre ces deux perspectives, d'un côté, le bagne, de l'autre leur mansarde que n'éclaire pas un rayon de céleste espérance, autre bagne non moins cruel, vous les poussez inévitablement à des actes de désespoir qui ne laisseront rien debout dans la société, puisque rien ne veut s'abriter à l'ombre de la croix. Vous avez beau leur dire qu'ils feraient mieux de travailler et de se taire; ils comprennent que c'est là votre intérêt; mais ils ne voient pas que ce soit leur plaisir.

Un raisonnement d'académie ne calme pas les passions, et d'ailleurs, votre preuve ne vaut rien si la Providence n'en est pas le fondement. C'est en vain que vous leur donnez à grignotter de petits traités populaires d'économie politique. On ne remplace pas Dieu par des traités d'économie politique, parce que si nous avons reçu une âme sublime, des aspirations infinies, une soif de bonheur sans limite, tout cela ne peut trouver sa raison et sa fin dans la lecture d'un morceau de papier où l'on démontre savamment que ceux qui souffrent.... c'est tant pis pour eux.

D'autres docteurs de l'irréligion ont prétendu connaître le secret du sphinx. Ils ont trouvé le système d'où résulte l'équilibre social. Qu'on les laisse faire : ils vont, disent-ils, combiner avec art le parti-prêtre, le parti-pétrole et le tiers-parti. Et les voilà qui fabriquent de la chimie politique, qui mélangent le bien avec le mal, le médiocre avec le mauvais, le vice avec la vertu; ils en font un amalgame où il entre plus de poudre à canon que de pain eucharistique; ils mêlent, ils broient, ils fricassent, tenant avec délices la queue de la poële; mais à force de remuer, il vient un moment où le mélange se trouve être du picrate..... et alors tout saute en l'air!

Sachons profiter des douloureuses expériences que nous avons faites. Revenez au milieu des champs, diraije à ceux qui les ont quittés. Il semble qu'en présence de la nature on se rapproche de Dieu, et, en réalité, on y devient meilleur, comme si les hommes, en se réunnissant, ne mettaient en commun que leurs défauts. Les ouvriers des campagnes sont moins rebelles à une bonne influence qu'on ne le croit. Ils ont le jugement sain, le cœur bon, les mœurs pures; ils respectent l'autorité, en comprennent la nécessité et s'y soumettent volontiers. Aucune supériorité réelle ne leur porte ombrage. Ils lui rendent justice, heureux de s'abriter sous sa protection. Ils sont moins jaloux qu'on ne le dit et se résignent facilement à leur condition. Tels sont les bons effets de la vie *rurale*. En isolant les hommes, elle évite le contact des passions ; elle nécessite la vie de famille si favorable à toute vertu. Elle ne procure jamais une fortune subite et par là elle n'excite pas l'ambition ni la soif du gain ; mais, grâce à sa douce fécondité, elle ne réduit presque jamais à la misère et par là elle évite les désespoirs.

Mais, hélas ! nous avons tellement dégénéré que le mal social a atteint même les campagnes où s'évanouissent peu à peu les générations fortes et saines qui restaient comme la dernière ressource de la France. Si l'on veut se donner la peine d'observer et de réfléchir, on en percevra la raison. Les classes aisées n'ont rien fait pour gagner la confiance des classes inférieures. Les premières se montrent à l'égard de celles-ci, hautaines, fières, dédaigneuses ; les bourgeois surtout. Aussi les prolétaires se sentant humiliés par le dédain des hommes riches, ne rêvent que de devenir riches à leur tour, pour échapper à ce dédain et s'en venger en le rendant avec usure. De là, cette désertion en masse des professions manuelles et cette invasion anormale des carrières libérales. De là aussi cette quantité considérable d'individus *déclassés* qui ne peuvent espérer satisfaire leur ambition que par une révolution politique ou sociale.

Ce n'est pas tout. L'opinion publique, mue par l'irréligion, a tellement mis en honneur la fortune et les plaisirs qu'elle donne, que tout le monde la regarde comme le bien suprême et veut se la procurer à tout prix. Une telle idée répandue dans la nation entière n'a pas peu contribué à corrompre le suffrage universel. Elle a introduit entre les classes qui possèdent et celles qui ne possèdent pas, une lutte à outrance qui ne se manifeste que trop dans tous les votes et qui ne finira que par la disparition de cette idée ou par un cataclysme. Pour éviter cette dernière éventualité, il faut donc rétablir dans les masses, les saines notions de la hiérarchie sociale. Or, cette hiérarchie ne peut se reconstituer que par la prédominance naturelle de la bienfaisance et de la vertu et même elle ne sera acceptée qu'à cette condition.

Si vous voulez, conservateurs, avoir de l'influence sur les doctrines de votre pays, empruntez cette influence à ceux qui sont au-dessous de vous en tâchant de gagner leur estime. Penchez-vous avec amour sur ceux qui souffrent et qui travaillent et ils lèveront vers vous des regards de confiance. Allez au milieu d'eux. Mettez-vous à leur portée, de peur qu'ils ne s'aperçoivent qu'ils ne sont pas à votre niveau. Devenez leurs frères, non pas en vous abaissant jusqu'à eux, mais en les élevant jusqu'à vous; non pas en prenant leurs défauts, mais en leur communiquant votre valeur. Devenez les premiers des paysans, vous dirai-je avec un publiciste chrétien (1), si vous voulez que les paysans vous choisissent pour leur chef.

Ils ne sont pas, je le répète, ennemis de la supériorité, pourvu que la dignité l'accompagne. Il n'y a rien qui se rapproche davantage de la simplicité des humbles que la grandeur modeste des magnanimes, et la noblesse est faite de cette simplicité et de cette grandeur. C'est pourquoi si le peuple a parfois des préjugés contre les nobles, partout il a en horreur et en mépris les par-

(1) Louis Veuillot, *Conseils aux légitimistes.*

venus, ces hommes gonflés d'or, d'égoïsme et d'orgueil qui affectent à son égard l'insulte et le dédain.

Il est donc une noblesse que tous vous pouvez et devez acquérir, c'est celle des sentiments. Que de votre demeure rayonne au loin le bonheur et la vertu ; en devenant le foyer du bien, vous deviendrez le centre de l'autorité. Ne vous laissez pas décourager par les mécomptes du commencement. Si, en comblant le peuple de bienfaits, vous ne réussissez pas à vous l'attacher, il faut l'en accabler et alors vous réussirez.

Alors le peuple qui était ignorant deviendra savant parce qu'il empruntera votre science ; il était insensé et il deviendra prudent, parce qu'il se soumettra à votre sagesse ; qu'importe alors que l'électeur sache lire et qu'il ait des rentes? De cette manière vous aurez restreint en votre faveur le vote universel. Vous tiendrez votre droit non d'un texte de loi farouche, mais de la libre reconnaissance et de l'admiration de tous. Alors les calomnies, les accusations et les excitations des méchants viendront se heurter contre le rempart de bienfaisance dont vous aurez entouré votre nom. Car le peuple, malgré tout, aime la paix, l'ordre et l'union. Que chacun se trace là-dessus une règle de conduite ; si modeste que soit le champ de son influence, qu'il ne dédaigne pas de s'en servir. Rien n'est inutile, quand il s'agit de faire réussir la conspiration du bien.

Telle est, à mon avis, la seule manière de *pratiquer* honnêtement le suffrage universel. Ce serait inutilement qu'on en chercherait une autre. On aura beau combiner de mille façons différentes un désordre avec un autre désordre, on n'aboutira jamais ainsi à produire l'ordre. Que les hautes classes commencent à rentrer dans la bonne voie et tout y reviendra.

Si l'on me dit que c'est là une chose trop difficile, trop

pénible, qu'il en coûte trop de réprimer des passions que l'on a coutume de caresser, que maintenant le courant est trop fort pour essayer de le remonter, qu'il faut s'accommoder d'un mal inévitable, etc... voici ce que j'ai à répondre :

Dans ce cas, le rôle de la France est fini. Nous nous agiterons encore dans des convulsions fiévreuses qui ressembleront à la vie, mais le germe de la mort, fatal, inexorable, aura pénétré notre organisme. Nous serons encore le bazar des amusements de l'Europe, nous ne serons plus l'arbitre de ses destinées. La dislocation extérieure suivra de près la dissolution intérieure. Et pendant ce temps, nous chanterons et nous rirons..... nous danserons sur un volcan, jusqu'au jour où le volcan faisant une éruption soudaine, nous fera danser pour la dernière fois et recouvrira de ses laves ce qui fut notre patrie. Des barbares inconnus viendront peupler ces solitudes, vaste tombeau sur lequel on pourra graver cette épitaphe : CI-GIT LA FRANCE : ELLE A ÉTÉ TUÉE PAR UNE DÉMAGOGIE FORCENÉE ET UNE ARISTOCRATIE CORROMPUE.

FIN

PARIS. — IMP VICTOR GOUPY, RUE GARANCIÈRE, 5.

www.ingramcontent.com/pod-product-compliance
Lightning Source LLC
LaVergne TN
LVHW020307230826
846091LV00006B/2578

* 9 7 8 2 0 1 1 7 9 1 3 6 8 *